ELOGE

DE
MAXIMILIEN
DE
BETHUNE,

DUC DE SULLY,

SURINTENDANT DES FINANCES
SOUS HENRI IV.

*Qui a concouru pour le Prix de l'Académie
Françoise de la présente
Année 1763.*

A PARIS,

Chez de LORMEL, Imprimeur de l'Académie
Royale de Musique, rne du Foin, à l'Image
Sainte Geneviéve.

M. DCC. LXIII.
AVEC PERMISSION.

ELOGE

DE MAXIMILIEN

DE BETHUNE,

DUC DE SULLY.

Acta virum probant.

IL semble que les Grands Hommes n'ont
pas besoin d'éloge après leur mort ; mais
qu'il suffit pour faire leur Panégyrique, de
rapporter en fidéle Historien, les principales
actions de leur vie , & qu'il ne faut pour
faire » *l'Eloge de Maximilien de Bethune*,
» *Duc de Sully*, que dire , qu'Henri I V,
» l'un de nos plus grands Rois, & connois-
» seur en vrai mérite, avoit mis en ce fidéle
» serviteur toute sa confiance , son amitié ,
» & ses faveurs ; qu'il suivit la fortune de

Éloge. De Maximilien.
De.
Bethune. Duc. De Sully.

Surintendant. Des. Finance

Sous. Henri. IV.

qui. A. Concouru. pour. Le prix. De. L'Acadé

Françoise De La présente

Année. 1763.

MAXIMILIEN DE BETHUNE,
Duc de Sulli, Grand Maitre
de l'Artillerie Marechal de France
&c. Né à Rosni en 1559 Mort
le 21 Decembre 1641.

» ce Prince , qu'il fut fon compagnon d'ar-
» mes , fon premier Miniftre , & fon Né-
» gociateur affidé dans les affaires les plus
» difficiles , qu'il exécuta pour ce Monar-
» que les plus importantes commiffions , &
» qu'il réuffit toujours pleinement, où tout
» autre que lui auroit échoué. »

Il eft affez naturel qu'on s'attende de voir de grands Capitaines , de profonds Politiques , d'habilles Miniftres , fous le regne d'un Prince tel que Henri IV ; mais ce qui doit furprendre , eft de trouver toutes ces qualités réunies dans la même perfonne.

Quel vafte champ pour un Panégyrique! Il faut peindre un *Guerrier* ; un *Miniftre d'Etat* ; un *Négociateur* habile ; un *Politique* fans flaterie ; & *l'ami d'un* grand Roi. Un Volume fuffiroit à peine pour remplir dignement ce projet : mais la durée du tems qui nous eft prefcrite à ce fujet, ne nous le permet pas , & nous oblige à nous renfermer dans les principaux traits d'une fi belle vie , en parlant moins en éloquent Orateur, qu'en fidéle Hiftorien.

MAXIMILIEN DE BETHUNE, Duc

de Sully, premier du nom, Surintendant
des Finances & des Bâtimens du Roi, Di-
recteur Général des Fortifications, des Ports
& Hâvres de France ; Gouverneur du bas
Poitou, de la Baſtille, & des Villes de Ger-
geau, Mantes & Meulan ; Capitaine de
deux cens Gendarmes de la Reine, & principal Miniſtre du Roi Henri IV, dit le
Grand, Duc & Pair, Grand Maître de
l'Artillerie, & Maréchal de France. Prince
Souverain d'Enrichemont & de Boiſbelle,
Marquis de Roſny & de Nogent le-ᴿotrou,
Comte de Muret & de Villebon, Vicomte
de Meaux & de Champrond, Seigneur de
Conty, de Chauſſade, de Montricoux, Bre-
teuil, Francaſſel, &c.

Quel titre peut-on encore ajouter à ce
grand Homme ?

Il n'aquit en 1559, (*a*) au Château de
Roſny, dont ſon Pere étoit Seigneur, (*b*).

(*a*) Voyez le P. Anſelme, Tome IV. page 217. Mo-
reri ; Ducheſne dans l'Hiſtoire de la Maiſon de Bethune ;
ſes Mémoires, portrait des Grands Hommes ; les Vies des
Hommes Illuſtres de France, par Dauvigny, Tome III.
1739. p. 1. &c.

(*b*) Cette Terre fut erigée en Marquiſat en faveur de

il étoit fils de François de Bethune, Chevalier & Baron de Rofny, Seigneur de Villeneuve en Cherie, & de Charlotte Bauvet, fa premiere femme, qu'il avoit époufé le 13 Janvier 1557. Elle étoit fille de Robert Bauvet, Seigneur de Rieux, d'Eraines, de Montigny, de Bafoches & de Coubert, Préfident en la Chambre des Comptes de Paris, & d'Anne Briçonnet, Niéce de Guillaume Briçonnet, Cardinal & Archevêque de Narbonne.

Maximilien de Sully, fortoit d'une des plus grandes & des plus anciennes Maifon

Maximilien de Bethune, Baron de Rofny, Grand Voyer de France, par Lettres Patentes du Roi Henri IV. données à Paris au mois d'Août 1601, Regiftrées au Parlement le 20 du même mois, & en la Chambre des Comptes le premier Septembre fuivant. V. 4 vol. des Ordonnances d'Henri IV, cotté 2 U. fol. 268 Mémoire de la Chambre des Comptes, 4. S. fol. 219. Compil. Chronol. par *Blanchard*, p. 1345. Elle eft fituée dans la Beauce, Diocèfe de Chartres ; Parlement & Intendance de Paris, Election de Mantes fur la Riviere de Seine, entre Mante & Vernon. Elle a été long-tems dans la Maifon de Sully, elle appartient préfentement à M. de Senozan, Confeiller d'Etat. Le revenu en eft confidérable, & elle a fept à huit cens habitans.

de France, qui tire son origine des anciens Comtes d'Artois ; il descendoit en ligne masculine de Robert I. du nom surnommé Faisseur, Seigneur de la Ville de Bethune, & Advoué de l'Abbaye de St. Vast d'Arras, sous le regne de Hugues Capet (a).

Le Pere de Maximilien eut quatre fils de son premier mariage avec Charlotte Dauvet, mais il eut une prédilection particuliere pour celui-ci, dont les bonnes qualités l'avoient frappé d'avantage, & dont il croyoit en remarquer en lui de plus brillantes que dans ses autres freres ; il prévoyoit déja qu'il devoit rendre un jour à sa maison son premier éclat, & son ancienne splendeur ; on assure même que le Précepteur du jeune Maximilien, sçavant dans cet art trompeur qui se vante de découvrir la destinée des hommes, lui avoit prédit que le jeune Henri, Roi de Navarre & de Bearn, feroit un jour Roi de France, & l'un des plus grands Princes de l'Europe, & que Sully parvenu à la faveur de ce Monarque,

____

(a) Le titre d'*Advoué* étoit alors si honnorable, que plusieur Souverains se sont fait honneur de le porter.

feroit une fortune bien au-delà des efpéran-
ces qu'il pouvoit former alors.

Soit que le Baron de Rofny ajouta foy
ou non à une prédiction fi vaine, il voulut
que Maximilien s'attacha au Prince de Navarre ; & s'étant rendu à Vendôme, où le
jeune Henri tenoit fa Cour avec la Reine fa
mere, il eut l'honneur de leur préfenter fon
fils. Le Prince de Navarre qui eut toujours
un air *noble*, & ouvert le reçut avec cette
noble familiarité qu'il avoit ordinairement
avec les perfonnes de qualité. Le jeune Rofny lui parla avec tant de grace & d'efprit,
que le Prince de Bearn en fut charmé, &
l'affura qu'il auroit toujours fes fervices pour
agréables, & qu'il en recevoit l'offre avec
plaifir ; depuis ce tems, Rofny lui fut toujours fidélement attaché ; il n'avoit alors
que douze ans, mais la Reine de Navarre
qui fe connoiffoit en caractères, fembla pré-
voir tout ce que ce jeune homme feroit un
jour pour fon fils, & le combla de careffes.

Rofny après avoir été quelque-tems cour-
tifan, redevint écolier, & fe rendit à Paris
pour y achever fes Etudes. Il fe trouva mal-

heureuſement engagé dans les erreurs du Cal-
vinifme , par François de Bethune , fon
pere , qui s'étoit laiſſé entraîner au torrent
de l'héréſie. Roſny courut un grand danger
à la funeſte journée de la St. Barthelemy ,
le 24 Août 1572 (a) , dont il fut ſauvé
par une eſpéce de miracle ; & dont il fait le
détail dans ſes Mémoires. « Il dit qu'il s'é-
» toit couché de bonne heure la veille de
» cette malheureuſe affaire , & qu'il ſe ſen-
» tit réveiller ſur les trois heures après mi-
» nuit par le ſon de toutes les cloches de
» Paris , & par les cris confus de la popula-
» ce , & ne voyant point revenir ſon Gou-
» verneur ni ſon Valet - de - Chambre qui
» étoient ſortis pour ſçavoir la cauſe de ce
» tumulte , il n'a jamais entendu parler de-

(a). Il a été frappé une Médaille en 1572 , de la premiere année du Pontificat de Grégoire XIII. qui repré-
ſente d'un côté la tête de ce Pape , avec cette Inſcrip-
tion , *Gregorius XIII. Pont. Max. Anno Jubilei* , & au
revers on voit l'Ange Exterminateur , armé d'un glaive
du bras droit , & de l'autre d'une Croix qui combat les
Huguenots, avec cette légende, *Ugonotorum Strages 1572.*
V. Hiſtoria Summorum Pontificum, Paris 1679 , in-fol.
pag. 87.

» puis de ces deux hommes , qui furent fans
» doute immolés des premiers à la fureur
» publique ; il demeura feul à s'habiller dans
» fa chambre , où il vit entrer au bout de
» quelques momens fon Hôte qui étoit auffi
» de la Religion Réformée , & qui avec un
» vifage pâle & confterné , l'informa de ce
» qui fe paffoit dans les rues , & lui dit qu'il
» avoit pris le parti d'aller à la Meffe pour
» fauver fa vie , & garantir fa maifon du
» pillage ; il voulut lui perfuader d'en faire
» autant , & l'enmener avec lui , mais qu'il
» ne jugea pas à propos de le fuivre. Il réfo-
» lut d'effayer à gagner le Collége de Bour-
» gogne , où il faifoit fes Etudes , malgré la
» diftance de ce Collége à la maifon où il
» demeuroit , ce qui rendoit ce deffein affez
» périlleux. Il s'embarqua cependant , revêtu
» de fa robe d'Ecolier , & avec une groffe
» paire d'Heures fous fon bras , à l'ufage des
» Catholiques ; il fut faifi d'horreur en en-
» trant dans la rue , de voir des furieux qui
» couroient de toutes parts & enfonçoient les
» maifons , en criant , *tue , tue , maffacre les*
» *Huguenots ;* & le fang qu'il voyoit répan-

» dre fous fes yeux , redoubloit encore fa
» frayeur. Il tomba au milieu d'un Corps-
» de-garde qui l'arrêta, & où il fut queftion-
» né ; on commençoit déja à le maltraiter ,
» lorfque le Livre qu'il portoit fut apperçu
» heureufement, & lui fervit de paffeport.
» Il retomba deux fois dans le même dan-
» ger , dont il fe retira avec le même bon-
» heur, ce qui redoubla fa crainte , & l'o-
» bligea d'aller fi vite, qu'on l'auroit aifé-
» ment reconnu à fon empreffement, fi fa
» robe d'Ecolier n'avoit pas trompé les Meur-
» triers. Il paffa , & fe rendit heureufement
» au Collége de Bourgogne , dont le Principal
» nommé *la Faye* , étoit fon ami ; mais un
» péril bien plus grand l'y attendoit encore.
» Le Portier lui en ayant deux fois refufé
» l'entrée, il demeuroit au milieu de la rue
» à la merci des Furieux , lorfque Rofny s'a-
» vifa de demander ce Principal , le Portier
» gagné par quelques petites piéces d'argent
» qu'il lui mit en main, ne lui refufa pas
» de le faire venir. Cet honête homme le fit
» entrer dans fa chambre, où deux Prêtres
» inhumains à qui il entendoit faire mention

✽ des Vêpres Siciliennes, lui racontoient les
✽ meurtres de cette horrible nuit, & se di-
✽ soient déterminés à tuer tous les Hugue-
✽ nots, jusqu'aux enfans à la mamelle : ce
✽ discours fit frémir le Principal, & redou-
✽ bla son attention à bien cacher Rosny.
✽ Cet homme prudent le conduisit très - se-
✽ crétement dans un Cabinet écarté, où il
✽ l'enferma sous la clef, & où il demeura
✽ trois jours entiers incertain de son fort, &
✽ ne recevant de secours que d'un Domesti-
✽ que de cet homme charitable qui venoit
✽ de tems en tems lui apporter de quoi vivre.
✽ Au bout de ce terme, la défence de
✽ tuer & de piller ayant enfin été publiée,
✽ il fut tiré de cette espéce de prison par
✽ deux Archers de la Garde, créatures de
✽ son pere, qui venoient sçavoir ce qu'il
✽ étoit devenu, & qui étoient armés, sans
✽ doute pour l'arracher de force par tout où
✽ ils le trouvéroient. Ils firent sçavoir son
✽ avanture à son pere, dont il reçut une Let-
✽ tre huit jours après, qui lui témoignoit
✽ combien il avoit été alarmé à son sujet ;
✽ que son avis étoit qu'il demeurasse dans

» Paris, puifqu'il n'étoit plus libre au Prince
» qu'il fervoit, d'en fortir ; mais que pour
» ne pas s'expofer à un danger évident, il
» devoit fe réfoudre à faire ce qu'avoit fait
» le Prince lui - même, c'eft-à-dire, à aller
» à la Meffe. Le Roi de Navarre n'avoit
» point en effet trouvé d'autre moyen de fau-
» ver fa vie. »

Rofny continua fes Etudes comme aupa-
ravant, fe conformant en apparence à la fa-
çon de penfer des plus forts, & allant à la
Meffe, fuivant l'ordre qu'il en avoit reçu
de fon pere, qui lui manda en même-tems
qu'il eut à s'attacher plus que jamais au Roi
de Navarre, quelque rifque qu'il y eut à
lui paroître dévoué ; en effet, tantôt ce Prince fembloit être libre, & alors non-feule-
ment fes Domeftiques, mais encore les amis
de fa Maifon avoient la permiffion de le voir
quelquefois, tantôt & fur le moindre prétexte de mécontentement, on le tenoit en-
fermé au Louvre, où perfonne ne l'appro-
choit fans un ordre exprès du Roi. Rofny,
à qui fa jeuneffe donnoit quelque privilége,
le voyoit plus fouvent qu'aucun autre *Reli-*

gionnaire, on peut bien le nommer ainſi , quoique le Roi de Navarre & lui fuſſent très-exacts à entendre tous les jours la Meſſe, mais on avoit garde de prendre pour un effet de leur converſion, ce qui n'étoit que celui de leur crainte.

Henri ſe laſſa enfin de cette contrainte, & s'appliquant tout entier à recouvrer ſa liberté ; il en trouva le moyen un jour de Février 1575 , qu'il étoit à la chaſſe près de Senlis, il ſçut écarter ſes Gardes, & vint d'une traite paſſer la Seine à Poiſſy , gagna Neuf-Châtel en Thimerais, maiſon à lui , & où il prit quelque argent de ſes Fermiers, & ſuivi ſeulement d'une trentaine de chevaux, il arriva à Alençon, dont le ſieur de Hertré s'étoit ſaiſi en ſon nom. Il s'y aboucha avec M. le Prince de Condé, & ils convinrent d'unir toutes leurs forces ; d'Alençon le Roi de Navarre paſſa à Tours , où il ne fut pas plûtôt arrivé , qu'il reprit publiquement l'éxercice de la Religion Proteſtante.

Roſny fut un de ceux qui accompagnerent ce Prince dans ſa ſuite , & dans tou: ce voyage. Il le renvoya enſuite de Tours avec

Fervaques (*a*) pour redemander à la Cour
de France la Princeſſe ſa Sœur , Madame
Catherine de Navarre Ducheſſe d'Albret ,
depuis Ducheſſe de Lorraine & de Bar : Elle
leur fut accordée , & dès la ſeconde journée,
cette Princeſſe reprenant auſſi ſa Religion ,
ſe trouva au Prêche à Châteaudun , & re-
joignit le Roi qui l'attendoit à Parthenay.

Les trois Princes (*b*) après la jonction de
leurs Troupes ſe trouverent à la tête de plus
de quarante mille hommes effectifs ; & firent
à leur tour trembler la Reine Catherine,
tout ſembloit annoncer une guerre des plus
ſanglante. Roſny étoit alors dans la Compa-
gnie de M. de Lavardin , qui lui donna ſon
Enſeigne Colonelle ; ce nouvel Officier ſe
diſtingua ſur tout à la ſurpriſe de la Réole,
ayant paru un des premiers ſur les murailles
de la Ville, & aux environs de Tours , où il
y eut pluſieurs rencontres entre des détache-

(*a*) Guillaume de Hautemer , Comte de Grancey, Seigneur de Fervaques , &c. Maréchal de France , & Lieu-
tenant Général en Normandie.

(*b*) Le Roi de Navarre , le Duc d'Alençon , & le
Prince de Condé.

mens de partis différens. Le Roi de Navarre ayant appris que Rofny s'y comportoit avec plus de témérité que de courage, le fit appeler, & lui dit, ,, Rofny, ce n'eft pas-là où ,, je veux que vous hazardiez votre vie, je ,, loue votre courage, mais je défire vous le ,, faire employer en de meilleures occafions. ,,

Il fervit encore utillement aux différens Siéges des Places du Poitou, & fe trouva aux célébres journées de Coutras, le 20 Octobre 1587, d'Arques, le 21 Septembre 1589, & d'Ivry, le 14 Mars 1590, où il fut dangereufement bleffé, & aux Siéges de Paris, de Noyon & de Rouen, mais fi fon bras fut utile à Henri IV, fa plume & fes confeils lui fervirent encore d'avantage. Né vertueux, peut-être un peu févére, la corruption de la Cour, & celle qu'occafionne fouvent une longue guerre, ne prirent rien fur fes mœurs. Il eût le bonheur prefque fans exemple de trouver dans fon Roi un ami toujours prêt à écouter des confeils qu'il lui donnoit fouvent avec une fincérité dure, & qui eût pû le rendre odieux à tout autre qu'à Henri IV. Il faifoit quelquefois le perfonnage, plûtôt d'un

Gouverneur

Gouverneur févére, que celui d'un fujet admis à la confiance de fon Maître. Jamais les foibleffes du Prince ne trouverent en lui un lâche adulateur ; plus prompt à le condamner, qu'à l'excufer, il ne pouvoit fouffrir fes fautes, fans les lui reprocher. La poftérité la plus éloignée ne lira pas fans étonnement l'action hardie de Rofny qui ofa déchirer en préfence du Roi, une promeffe de mariage que ce bon Prince avoit faite à l'une de fes Maîtreffes (*a*), & qu'il lui faifoit voir : mais fi l'on peut dire que Sully étoit fait pour Henri le Grand, on peut bien dire auffi qu'Henri étoit fait pour Sully.

Le Prince aimoit à entendre la vérité, & Sully aimoit à la dire. Il avoit acquis le cœur & l'eftime du Roi, au point, que Gabrielle d'Eftrées, fa maîtreffe, l'ayant maltraité de paroles, le Roi impatient, quelque fut fon amour, lui dit que » c'étoit l'offenfer » lui-même, & qu'il fe pafferoit plus aifé- » ment de dix maîtreffes comme elle, que » d'un Miniftre auffi fidéle que Rofny. »

(*a*) Mademoifelle d'Hentragues.

Ce fut lui qui contribua le plus à l'abju-
ration que le Roi de Navarre fit de la Religion prétendue Réformée. Ce Prince l'ayant
confulté à ce fujet, ce fidéle ferviteur, que
l'on peut bien auffi nommer fon plus fincere
ami lui confeilla fans balancer d'embraffer
la Religion Catholique, puifque fes ennemis
n'avoient plus que ce prétexte pour lui faire
la guerre, & pour refufer de le reconnoître
l'héritier légitime de la Couronne de France
après la mort d'Henri III, ce qui arriva prefque auffi tôt après qu'il eut fait fa Profeffion
publique de Foi dans l'Eglife de S. Denis,
le Dimanche 25 Juillet 1593. Henri III.
ayant été affaffiné à S. Cloud, le 2 Août
1589, Rofny fut chargé des plus importantes affaires de l'Etat.

Il traita avec le Duc de Villars en 1591,
pour la reddition de Rouen & de toute la
Normandie. Il accorda le Comte de Soiffons
avec le Duc de Montpenfier ; & il trouva
le moyen en 1593, de perfuader Madame,
Sœur d'Henri IV, de lui remettre la promeffe de Mariage qu'elle avoit faite au Comte de Soiffons, affaire qui tenoit fort au cœur

(19)

du Roi Ce Prince le combla de faveurs pen-
dant tout son regne , lui ayant donné en
1597, la Charge de *Grand Voyer de France ;*
(*a*) celle de Surintendant des Finances la
même année , & celle de Grand Maître de
l'Artillerie qui fut érigée en sa faveur le 13
Novembre 1599 , en office de la Couronne.
Le Gouvernement de la Bastille , avec la
Surintendance des Fortifications lui furent
données en 1602 , & au retour de son Am-
bassade extraordinaire d'Angleterre , où il
étoit en 1604, le Roi lui accorda le Gouvernement de Poitou , & érigea sa Terre de
Sully & Dépendances en Duché Pairie, (*b*)
comblé encore d'autre faveurs, il en fut dé-

(*a*) Cet Office fut supprimé sous le Regne de Louis
XIII. par Edit donné à Paris au mois de Février 1626,
Registré au Parlement, en la Chambre des Comptes,
& en la Cour des Aydes, le 6 Mars suivant. —— Voyez
le quatriéme Volume des Ordonnances de Louis XIII.
cotté 3. fol. 335.

(*b*) Par Lettres données à Paris au mois de Février
1606 , Registrées au Parlement le 9. & en la Chambre
des Comptes, le 15 Mars suivant. —— V. 5 Vol. des
Ordon. d'Henri IV. cotté 2. X. fol. 324. —— Mémoires
de la Chamb. des Comptes, cotté 4. Z. fol. 86. ——
Histoire de la Maison de Bethune , Preuves 320.

pouillié en un moment par la funeste mort du meilleur des Rois, ce Prince en sortant du Louvre, monta en carosse le Vendredi quatorziéme jour du mois de Mai 1610, sur les quatre heures après midi, dans le dessein de parcourir quelques rues pour voir les apprêts que l'on faisoit pour l'Entrée de la Reine dans cette Capitale, & de se rendre ensuite à l'Arcenal, où logeoit le Duc de Sully qui étoit indisposé ce jour-là ; mais en passant par la rue de la Féronnerie, son carosse se trouva embarrassé, ses Gardes & ses Valets de pieds dispersés, au lieu de se tenir aux portieres selon la coûtume ordinaire, se coulerent sous les Charniers du Cimetiere de St. Innocent, ou se tinrent derriere le carosse qui avançoit très-lentement à cause de la foule du peuple. Un Monstre sorti de l'Enfer, nommé *Ravaillac*, qui depuis quelques jours suivoit le Roi par tout, saisit ce moment, & mettant le pied sur une des roues de son carosse, il lui donna deux coups de couteaux, l'un dans les côtes, & le second dans le cœur. Le Roi cria d'abord, je suis blessé, mais le sang coulant à gros bouillons, il perdit tout-à-coup

la parole, & expira entre les bras des Sei-
gneurs qui l'accompagnoient : ainſi mourut le
plus grand & le meilleur des Rois. On ne
peut ſe rappeller ſans horreur ce funeſte at-
tentat, qui plaça Louis XIII. ſur le Trône
dans un âge encore tendre. La mort préci-
pitée d'un Prince, l'amour de ſes Sujets &
la terreur de ſes ennemis, laiſſa le Royaume
en proye au Démon de la diſcorde ; la Religion en fut le prétexte ſpécieux, l'ambition
des Grands la ſeconda, & l'Etat en fut la
victime. Sully ſe vit obligé de ſe retirer en
ſon Château de Villebon, au Pays Chartrain,
où il mena une vie privée ; où il ne reçut le
Bâton de Maréchal de France, qu'en don-
nant ſa démiſſion de la Charge de Grand
Maître de l'Artillerie, le 18 Septembre 1634,
& où il mourut le 21 Décembre 1641, dans
la quatre-vingt-deuxiéme année de ſon âge,
& fut enterré à Nogent le Rotrou, où l'on
voit ſon Mauſolée, érigé en 1642, par ſa
ſeconde femme Rachel de Cochefilet.

L'état où ſe trouverent les Finances après
la mort du Roi Henri le Grand, eſt une
apologie bien déciſive de la conduite du Sur-

intendant ; des dettes immenfes payées, les Subfides diminués, la Campagne fleuriffante après cinquante ans de Guerre, & *dix-fept millions de livres* trouvés dans le Tréfor Royal, fomme très-confidérable alors, ne font pas moins l'éloge du Miniftre, que celui du Souverain. Sully employa les dernieres années de fa vie à recueillir ces excellens Mémoires, qui viennent de recevoir un nouvel être par la forme qu'on leur a donnée.

Il fut marié deux fois. Il époufa 1°. Anne de Courtenay, fille puînée de François de Courtenay, Seigneur de Bontin, & de Louife de Jaucourt, par Contrat paffé au Château de Bontin, le 4 Octobre 1583, morte à Mantes au mois de Juin 1589.

Dont Maximilien de Bethune, fecond du nom, Marquis de Rofny, Prince d'Enrichemont, &c. Voyez P. Anfelme, T. IV. pag. 217. C.

Il époufa en fecondes Nôces par Contrat du 18 Mai 1592, Rachel de Cochefilet, fille de Jacques Cochefilet, Seigneur de Vaucela, de Vauvineux, &c. & de Marie Arbalefte, & Veuve de François Hurault,

(23)

Seigneur de Château , Maître des Requêtes ,
dont plusieurs enfans.

Cette derniere femme mourut à Paris le
30 Décembre 1659 , âgée de 97 ans ; elle
avoit fait ériger en 1642 , à son mari , une
Statue d'un très-beau marbre blanc , exécu-
tée par un des plus fameux Sculpteurs d'Ita-
lie ; elle est placée dans un Cabinet du Château de Villebon.

— V. P. Anselme, T. IV p. 217. C D.
Histoire des Maîtres des Requêtes, par M.
D. D. N. N°. 50. Hist. des Surintendans
& Contrôleurs Généraux des Finances, depuis le regne de St. Louis en 1226, jusqu'à
présent 1764, dont on va donner l'impres-
sion en 5 Vol. in - 4°.

F I N.

APPROBATION

Des Docteurs en Théologie de la Faculté de Paris.

Nous Souffignés Docteurs en Théologie de la Faculté de Paris, avons lû l'Eloge de Maximilien de Bethune, Duc de Sully, qui commence par ces mots : *Il femble que les Grands Hommes*, &c. dans lequel nous n'avons rien trouvé de contraire à la foi & aux mœurs. A Paris ce 26 Juin 1763.

Signé, SALMON & SAVOY.

APPROBATION.

J'Ai lû par ordre de Monfeigneur le Vice-Chancelier, *l'Eloge de Maximilien de Bethune, Duc de Sully*, & je crois qu'on peut en permettre l'impreffion. A Paris ce 4 Mars 1764.

Signé, MARIN.